글 김종원

인문학 공부를 하며 말의 중요성을 깨달아 말의 힘과 삶의 지혜를 전하는 책을 쓰고 강연을 합니다. 『나에게 들려주는 예쁜 말』은 어린이들이 하루하루 아름답게 살아가길 바라는 마음으로 쓴 책입니다. 『서로에게 들려주는 따뜻한 말』『친구에게 들려주는 씩씩한 말』『아이에게 들려주는 부모의 예쁜 말 필사 노트』『부모의 말』『매일 아침을 여는 1분의 기적』『어린이를 위한 30일 인문학 글쓰기의 기적 시리즈』 등 100여 권이 있습니다.

그림 나래

대학에서 회화를 전공하고 다양한 방식으로 그림을 그립니다. 일상의 귀여움을 좋아하며, 그림으로 이야기 전달하는 것을 좋아해 그림책을 만들고 있습니다. 그린 책으로 『서로에게 들려주는 따뜻한 말』『친구에게 들려주는 씩씩한 말』이 있습니다.

김종원의 예쁜 말 시리즈 ①
나에게 들려주는 예쁜 말

1판 1쇄 펴냄 2024년 2월 1일
1판 16쇄 펴냄 2025년 5월 10일

글 김종원 | 그림 나래

펴낸이 김병준 · 고세규
펴낸곳 상상아이 | **출판등록** 제313-2010-77호(2010. 3. 11.)
주소 서울시 마포구 독막로6길 11, 우대빌딩 2, 3층
전화 02-6953-8343(편집), 02-6925-4188(영업) | **팩스** 02-6925-4182
전자우편 main@sangsangaca.com | **홈페이지** http://sangsangaca.com

ISBN 979-11-93379-15-8 74810

· KC마크는 이 제품이 공통안전기준에 적합하였음을 뜻합니다.
· 잘못 만들어진 책은 구입하신 서점에서 교환해 드립니다.

상상아이는 상상아카데미의 그림책 브랜드입니다.

나에게 들려주는
예쁜 말

글 김종원 · 그림 나래

상상아이

예쁜 말을 하는

_____ 에게

차례

작가의 말 삶의 순간을 아름답게 바꾸는 '예쁜 말' ★ 10

꿈을 떠올릴 때 내 눈은 ★ 12

누군가 버린 행운을 주워요 ★ 14

되는 게 하나도 없는 날 ★ 16

느끼는 대로 그리면 ★ 18

친구와 나는 다를 수 있어요 ★ 20

멋지게 인사하면 ★ 22

마음에 씨앗을 많이 심어요 ★ 24

실패는 소중한 보물 ★ 26

미안할 때는 ★ 28

오늘 내 기분은 노랑 ★ 30

거짓말은 나와 어울리지 않아 ★ 32

덕분에, 곁에 있어서 ★ 34

지금 내 마음은 ★ 36

실수해도 괜찮아 ★ 38

어떤 맛일까? ★ 40

장난감보다 소중한 것 ★ 42

틀리는 게 더 멋져 ★ 44

꽃처럼 말해요 ★ 46

있는 그대로 사랑해요 ★ 48

상상하는 것보다 더 ★ 50

나라서 소중한 거야 ★ 52

우리의 하루는 ★ 54

세상에서 가장 아름다운 기적 ★ 56

모든 순간이 다 소중해 ★ 58

맺음말 나에게 선물하는 하루 ★ 60

작가의 말

삶의 순간을 아름답게 바꾸는 '예쁜 말'

여럿이서 같은 상황을 이야기하는데도
유독 예쁘게 말하는 친구가 있어요.
그런 친구를 보면 어떤 생각이 드나요?
잘 모르는 아이라도 괜히 한 번 더 눈길이 가요.
그런 친구 주변에는 늘 웃음이 떠나지 않아요.

예쁘게 말하는 사람은 사랑받는 사람으로 크면서
동시에 자기 자신을 믿고 사랑할 수 있어요.
또 자기 방식대로 도전하면서 꿈을 이루는
근사한 어른으로 자랄 수 있지요.

우리는 살면서 다양한 순간을 만나요.
여러 친구들과 어른들을 만나며 '관계 맺는 방법'을 배우고요.
공부, 독서, 글쓰기를 하며 '지식'도 쌓아요.
바른 태도로 세상을 관찰하며 '삶을 대하는 시선'도 배우지요.
삶의 모든 순간에 우리 친구들이 예쁜 말을 하며
자기 삶을 좀 더 아름답게 만든다면 얼마나 좋을까요?

《나에게 들려주는 예쁜 말》은 우리가 마주하는 순간마다
할 수 있는 가장 예쁜 말을 골라 담았어요.
오늘 바로 나에게 그리고 소중한 주변 사람들에게
세상에서 가장 예쁜 말을 들려주세요.

예쁜 말을 하면
오늘 더 예쁜 하루를 맞이할 거예요.

김종원

꿈을 떠올릴 때 내 눈은

"너는 꿈이 뭐니?"

"앞으로 뭘 하고 싶어?"

나는 이런 질문을 받을 때마다

뭐라고 답해야 할지 모르겠어요.

내게 누구도 꿈이 무엇인지 알려 주지 않았거든요.

모든 사람에게는 꿈이 있대요.

찾지 못해서 없다고 생각할 뿐이래요.

거울이 내게 물어보아요.

"너는 무엇을 말할 때 가장 빛나는 눈이 되니?"

"네 마음을 행복하게 해 주는 건 무엇이니?"

이제 꿈이 뭔지 알 것 같아요.

내 눈을 가장 빛나게 해 주는 것이 바로 내 꿈이란 것을요!

세상에서 가장 빛나는 눈은 내 마음속에 있어요.

가장 빛나는 눈은
내 마음속에 있어!

누군가 버린 행운을 주워요

쓸고 닦으며 청소를 하면
더럽거나 어지러웠던 게 깨끗해져요.
하지만 귀찮거나 하기 싫어서
자꾸만 미루고 싶어요.
이럴 때 바닥에 떨어진 쓰레기를 주우며 말해 보아요.

"누군가 버린 행운을 줍는 거야."

그러면 기분이 좋아져요.
어지러운 방을 청소하는 일도 마찬가지예요.
내 마음이 행복해지는 일이니까요.
가지고 놀았던 소중한 장난감과
지혜를 주는 책과 내 몸에 맞는 옷에
가장 좋은 자리를 찾아 줄 수 있어요.

되는 게 하나도 없는 날

아는 문제인데 실수로 틀리고
준비물을 잊고 챙기지 못해서
당황하거나 창피한 적도 있어요.
그럴 때는 나에게 이렇게 말해요.

"그래. 그럴 수도 있지."
"다 괜찮아. 우울해할 것 없어."

모든 것이 늘 잘되지는 않아요.
하지만 좋은 방향으로 생각할 수는 있어요.
나는 걱정은 조금만 하고,
좋은 상상을 자주 할 거예요.
어려운 일이 있을 때는
숨을 조금 더 깊이 내쉴 거예요.
그러면 모든 일이 다 잘될 거예요.

느끼는 대로 그리면

작가 톨스토이는
여덟 살 때 스케치북에 토끼를 그렸어요.
그러자 주변 어른들이 그림을 보고 웃었어요.
어린 톨스토이가 토끼를 빨간색으로 그렸거든요.
"세상에 빨간 토끼가 어디에 있니!"
톨스토이는 자신만만한 표정으로 이렇게 답하였어요.
"세상에는 없지만 제 스케치북에는 있어요!"

집을 그렸는데 집처럼 보이지 않는다고,
산을 그렸는데 아무도 산처럼 생각하지 않는다고,
걱정하거나 눈치를 볼 필요는 없어요.
"이건 나만 그릴 수 있는 그림이야."
"내 눈에는 이렇게 보여!"

느끼는 대로 그리면
세상에서 가장 근사한 그림을 그릴 수 있어요.

친구와 나는 다를 수 있어요

좋아하는 친구에게 소중한 것을 나누어 주었는데
친구가 마음에 들어 하지 않아요.
그럴 때는 괜히 무시당한 것 같아서 기분이 나빠요.
"내가 뭘 잘못했을까?" "왜 안 좋아할까?"

사람은 모두 달라요.
내가 좋아하는 걸 친구는 싫어할 수도 있어요.
내가 아무리 좋은 마음으로 주어도
상대방은 내 기대와 다를 수 있어요.

"친구와 나는 다를 수 있어."
"다른 게 당연한 거야."

상대방의 마음을 인정해야
더 좋은 관계를 맺을 수 있어요.

우리는 모두 달라!
그래서 좋아!

멋지게 인사하면

"친구나 어른을 보면 인사해야지."
부모님이 억지로 인사를 시키면
마음이 좋지 않아요.
괜히 목소리도 작아져요.
하지만 멋지게 인사하면 내 기분이 먼저 좋아질 거예요.
인사는 좋은 마음을 전하는 기회니까요.

예쁜 입술을 갖고 싶다면
예쁜 말을 하면 되고,
사랑스러운 눈을 갖고 싶다면
사랑의 말을 속삭이면 되죠.
"안녕. 보고 싶었어."
"안녕하세요."

멋지게 인사하면
더 멋진 사람이 될 거예요.

마음에 씨앗을 많이 심어요

"내가 할 수 있을까? 못하겠어."
이렇게 생각하면 결국 못할 때가 많아요.
가진 것만큼 할 수 있는 게 아니라,
할 수 있다고 믿는 만큼 해낼 수 있어요.
우리는 스스로 생각한 대로 되기 때문이에요.
정말 중요한 것은 눈에 보이지 않아요.

"난 뭐든 할 수 있어.
내 가능성을 믿으니까."

"어려울 것 없어. 일단 해 보자."
나의 생각은 곧 나의 말이 되어요.
그리고 말은 씨앗이 되어 내 안에서 쑥쑥 자라
세상에 단 하나뿐인 예쁜 꽃이 될 거예요.

잘 자랄 거야.
내가 믿으니까.

실패는 소중한 보물

어떤 사람은 실패를 보기 싫은 쓰레기라며
버리고 숨기기에 급급해요.
그런데 어떤 사람은 실패라는 보물 상자를 열고
떨리는 마음으로 하나하나 살펴보아요.

"이게 다 엄마 때문이야!" "그 친구 때문이야!"
세상에 누군가를 탓하면서
해결할 수 있는 문제는 없어요.
실패라는 보물 상자에서 무언가를 찾고 싶다면
실패할 때마다 내 문제를 먼저 생각해요.

"또 어떤 실패를 할까?"
"다음에는 더 잘할 수 있어."

다른 사람 탓을 하지 않을 때,
우리는 비로소 실패에서
무언가를 배울 수 있어요.

미안할 때는

"마음이 아팠다면 미안해."
"그렇게 느꼈다면 사과할게."
이렇게 말하면 사이가 더 멀어지고
관계는 더 나빠져요.

사과했는데, 왜 더 나빠질까요?
진실한 사과를 하지 못했기 때문이에요.
사과는 단서를 달고 하는 게 아니에요.
단서를 달면 변명하는 것처럼 느껴져요.

"네 마음 아프게 해서 미안해."
"내가 잘못 생각했어. 사과할게."

이렇게 나의 잘못만 말하면 돼요.
진실한 사과는 하는 사람 마음도 예쁘게 만들어 주어요.

오늘 내 기분은 노랑

화가 날 때나 기분이 안 좋을 때
마음을 제대로 표현하지 못하면
자꾸 기분만 더 나빠져요.

마음이 힘들 때는 색으로 표현해 보아요.
"오늘 내 기분은 빨강이에요.
화가 많이 나거든요."

기쁜 날에는 이렇게 표현해요.
"오늘 내 기분은 노랑이에요.
기분 좋은 일이 생겨서
나비처럼 날아갈 것 같아요."

마음을 색으로 표현하면
내 마음을 좀 더 선명하게 바라볼 수 있어요.

오늘 내 기분은
맑은 노랑이야.

거짓말은 나와 어울리지 않아

거짓말하면 안 된다는 걸 알지만
자꾸 거짓말이 늘어나요.
친구에게 지는 게 싫어서,
부모님께 칭찬받고 싶어서,
실수를 들키지 않고 싶어서,
나도 모르게 거짓말해요.

그런데 거짓말을 하면 기쁘지 않아요.
마음이 무겁고 조마조마해요.
거짓말은 결국 드러나니까요.

"나는 나를 속이는 사람이 아니야.
거짓말은 나와 어울리지 않아."

내 마음에 솔직해야
맑고 투명한 하루를 만들 수 있어요.

사실은 아이스크림을 먹었어요.

덕분에, 곁에 있어서

가끔 부모님을 보면

나에게 소홀하고 아무것도 안 해 주는 것 같아요.

그런데 내게 장난감을 사 주고,

맛있는 음식을 해 주고,

옷을 깨끗이 빨아 주고,

넘어졌을 때 일으켜 주고,

아플 때 돌봐 주고,

슬플 때 위로해 주고,

내가 기쁠 때 함께 기뻐해 주는 사람은

바로 부모님이에요.

오늘은 부모님께 이런 말을 건네 보아요.

"엄마 아빠 덕분에 오늘도 행복해요."

"곁에 있어서 마음이 든든해요."

곁에 있는 소중한 사람에게

좋은 마음을 전하는 건 무엇보다 중요해요.

지금 내 마음은

"싫어. 안 할래."

"말해도 잘 모를걸."

친구가 나에게 이렇게 말하면 답답해요.

왜 싫다는 건지, 모르는 게 무엇인지

자세히 말해 주지 않았으니까요.

내가 부모님을 대할 때도 마찬가지예요.

무언가 하기 싫을 때,

말해도 잘 모를 것 같을 때

다정하게 내 마음을 설명해 보아요.

가장 지혜로운 사람은

가장 친절한 사람이에요.

지혜가 있어야 친절을 베풀 수 있고

친절을 베풀면서 지혜를 쌓을 수 있어요.

실수해도 괜찮아

떼쓰고 고집부리는 건
마음이 약한 사람이 하는 행동이에요.
강한 사람은 실수해도 스스로 용서하고,
속상한 일이 있어도 다시 일어서요.
가끔 너무 슬퍼서 눈물을 흘리더라도
다시 환하게 웃으며 씩씩하게 하루를 시작해요.

"내 마음은 무엇보다 소중해."
"실수해도 괜찮아. 다시 시작하면 되니까."

몸의 근육도 중요하지만
마음 근육을 탄탄하게 하는 것도 중요해요.
나는 나여서 귀하고 빛나니까요.

잘하지 못해도 괜찮아.

어떤 맛일까?

"당근이랑 토마토는 절대로 안 먹어!"

먹기 싫은 음식이 나오면 괜히 화가 나요.

부모님에게도 짜증이 나고, 나한테도 짜증이 나요.

그런데 이때 가장 손해를 보는 건 먹지 않는 내 자신이에요.

몸에 좋은 음식을 먹지 않으니 손해이고,

평생 새로운 맛을 모를 테니까요.

'절대로'라는 말보다는

기대하며 상상해 보아요.

"어떤 맛일까?"

"새로운 맛은 어떤 느낌일까?"

기대하며 상상하면

하루가 희망과 도전으로 가득해질 거예요.

당근도 한번 먹어 볼까?

장난감보다 소중한 것

"나 저거 사 줘!"

"이거 정말 갖고 싶단 말이야."

세상에는 좋아하는 것도 많고,

갖고 싶은 것도 너무 많아요.

그래서 다 살 수 없다는 것을 알면서도

떼쓸 때가 많아요.

그럴 때는 마음을 열어 보세요.

좋아하는 마음보다 소중한 마음이 먼저여야

정말 내게 귀한 선물이 되거든요.

설레는 마음도 좋지만

아끼고 사랑하고 지키는 마음이 더 소중해요.

더 소중한 것을 곁에 두어야

내 하루도 더 반짝이며 빛날 수 있어요.

틀리는 게 더 멋져

멋지게 답하고 싶지만 틀리는 게 겁나서
가끔 대답하지 못할 때가 있어요.
늘 정답만 말하고 싶은데
잘되지 않아서 마음이 아플 때도 많아요.
하지만 틀리는 것도 정말 멋진 일이에요.
답을 말하는 용기가 있어야
틀릴 수도 있으니까요.

"틀려도 괜찮아요.
처음부터 멋진 일은 생기지 않아요."

틀리는 건 장애물을 뛰어넘으면서
무언가 배울 수 있다는 뜻이에요.
나는 더 도전할 거예요.

드디어 완성!

꽃처럼 말해요

나는 못된 말이 나올 때마다
이 말을 떠올릴 거예요.

"나는 꽃처럼 말해요."

나는 소리치며 화내고 싶을 때마다
이 말을 떠올릴 거예요.

"나는 꽃처럼 말해요."

꽃은 결코 사라지지 않아요.
잎이 다 떨어질 때까지
변함없는 사랑을 전해 줄 수 있다면,
그 꽃은 힘과 용기를 내서
내년에 다시 멋지게 자라날 거예요.
입에서 향기가 사라지지 않는다면,
그 공간은 꽃밭처럼 아름다울 거예요.

있는 그대로 사랑해요

"부모님은 왜 내 곁에 있는 걸까요?"
당연한 일이라지만
나는 그 이유가 정말 궁금해요.
세상에 '그냥'이라는 답은 없으니까요.

부모님은 자신이 좋아하는 일만 하면서
하루를 즐겁게 보낼 수도 있지만,
더 많은 시간을 내어
나를 보호하고 아끼며
따뜻한 식사를 만들어 주어요.
바로 내가 거기에 있기 때문이에요.

부모님은 나를 있는 그대로 사랑하니까요.

지금,
여기가 좋아!

상상하는 것보다 더

개미는 작지만 힘이 아주 세요.
달팽이는 느리지만 멈추지 않아요.
고슴도치는 가시가 많지만
덕분에 자기 몸을 지킬 수 있어요.

특별할 게 없어 보이는 사람에게도
하나 이상은 특별한 부분이 있어요.
또 단점이 장점이 되기도 해요.
나는 내 생각보다 더 용감하고
할 수 있는 게 많아요.
또 내가 상상하는 것보다
더 많은 것을 해낼 수 있어요.

나는 내가 가진 모든 것을 믿어요.
믿지 못할 이유가 전혀 없으니까요.

무엇이든
할 수 있어.

나라서 소중한 거야

"저게 더 좋은데?"
"아니, 이게 더 좋아."
세상의 소리는 참 다양해요.
모두에게는 각자의 색이 있거든요.
친구에게 자기만의 색이 있는 것처럼
나도 나다울 때 가장 빛이 나요.

"나는 나라서 소중한 거야."
"내 안에 있는 빛을 꺼내는 거야."

태양은 낮에,
달은 밤에 빛나듯이
내게도 빛나는 순간이 따로 있어요.
나는 그 기적을 믿어요.

빛나는 하루야!

우리의 하루는

번개가 번쩍하며 세상이 무너지는 소리가 나도
해가 활짝 웃으며 힘차게 떠올라도
하늘이 하늘인 건 변함 없는 사실이에요.
엄마 아빠도 마찬가지예요.

**가끔 번개가 치듯 화를 내기도 하지만
나를 사랑하는 우리 엄마 아빠라는 사실에는 변함이 없어요.**

"엄마에게 기분 나쁜 일이 생겼구나."
"아빠한테 좋은 소식이 생겼구나."
이렇게 생각하면 마음이 좀 더 평온해요.

평생 울기만 하거나 평생 웃기만 하면서 살 수는 없어요.
내가 사랑하는 엄마 아빠의 하루 속에도
울고, 웃고, 화를 내는 모든 모습이 담겨 있을 뿐이에요.

세상에서 가장 아름다운 기적

옹알이하던 내가
'엄마 아빠'라는 말을 처음 하던 날
모두 기쁨을 터뜨렸어요.

당장이라도 넘어질 듯
발걸음을 처음 내디딜 때는
온 세상에 웃음이 쏟아져 내렸어요.

처음 배운 글자로
'사랑해요'라는 말을 썼을 때
세상에서 가장 행복한 미소를 보았지요.

앞으로도 함께할 하루하루가 정말 기대되어요.

내가 세상에 태어난 건
기적처럼 아름다운 일이에요.

모든 순간이 다 소중해

"왜 이렇게 나쁜 일만 생기지?"
"정말 되는 일이 없어!"
사람의 감정은 자주 바뀌어요.
정말 행복할 때도 있고,
너무 슬플 때도 있어요.
자랑하고 싶을 정도로 뿌듯한 날도 있고,
숨고 싶을 정도로 부끄러운 날도 있어요.
하지만 세상에 나쁜 하루는 없어요.

"열심히 했으니까 됐어."
"내가 아니까 괜찮아."

나쁜 소식만 가득한
하루더라도,
밝은 마음을 가지면
환한 기운이 나를 감쌀 거예요.

지금 이 순간이
소중해!

맺음말

나에게 선물하는 하루

책을 다 읽으니 마음이 어떤가요?
마음이 예뻐지고 보이는 모든 것들이
이전보다 아름답게 느껴지지 않나요?
가족과 친구, 화단에 핀 꽃까지 다르게 느껴지지 않나요?

누군가에게 예쁜 말을 들려준다는 것은
서로에게 아름다운 공간을 선물하는 것과 같아요.
예쁜 말이라는 공간 속에서
자꾸만 마음도 예뻐지고 행복해져서
굳이 다른 곳으로 떠나고 싶다는 생각을
하지 않게 만들어 주기 때문이에요.

내가 듣기에도 예쁜 말을 자주 하면서 살면
주변 세상이 아름답게 변해요.
욕심이 가득해
두 손으로 꽉 잡고 있을 때는
그 행복이 작게 느껴지지만,
소중한 사람들과 나누려고

두 손을 활짝 펴면,
내가 얼마나 크고 아름다운 행복을
손에 담아 왔는지 알게 돼요.

예쁜 말도 마찬가지예요.
함께 나누려고 하면 점점 커져요.
모두가 같은 하루를 보내는 것 같지만,
각자의 하루는 결코 같지 않아요.
늘 좋은 생각을 하면
입에서 예쁜 말만 나오고,
얼굴에서도 사랑스러운 빛이 나와요.
사랑스럽게 보이는 사람에게는
늘 좋은 생각을 한다는 공통점이 있죠.

가장 아름다운 하루를
자신에게 선물하는 하루가 되기를 바랄게요.